# Cabeça de Antígona

Copyright © 2017 Patricia Porto
*Cabeça de Antígona* © Editora Reformatório

**Editores**
Marcelo Nocelli
Rennan Martens

**Revisão**
Marcelo Nocelli
Natália Souza

**Imagem de capa**
Giorgio de Chirico, *Antigone consolatrice*, 1973
(Musée D'Art Moderne De La Ville de Paris)

**Design e editoração eletrônica**
Negrito Produção Editorial

---

Dados Internacionais de Catalogação na Publicação (CIP)
Bibliotecária Juliana Farias Motta (CRB 7-5880)

Porto, Patricia.
    Cabeça de Antígona / Patricia Porto. – São Paulo: Reformatório, 2017.
    152 p.; 14 x 21 cm.

    ISBN 978-85-66887-35-8

    1. Poesia brasileira. I. Título.
P853c                                                            CDD B869.1

Índice para catálogo sistemático:
1. Poesia brasileira

---

Todos os direitos desta edição reservados à:

EDITORA REFORMATÓRIO
www.reformatorio.com.br

Patricia Porto

# Cabeça de Antígona

# O duro, o muro e a musa

Feito "dos dias de cimento" que a poeta duramente divide com os leitores, este livro não enaltece belezas emolduradas, não bota ninguém no colo. Está repleto de "nó nas tripas", "dor de cordão", "berro em todas as línguas". Portanto, nem vem que não tem, pois *Cabeça de Antígona* "é feito de escuros na alma" e de desmames doloridos. E também de cantigas de (des) ninar que nem essa

"mamãe me deu leite de cabra,
não quis dar do peito pro bico continuar durinho"

ou de confissões feitas em casa, à moda da dor:

"se engoli pedras a vida toda
foi pelo disfarce das arruaças."

Patricia Porto trata a poesia com rédeas curtas e economia absoluta de despropósitos. Seus versos não embalam, não aliviam, não confortam. Não foram construídos para se transcrever e dar de presente à/ao namorada/o; antes, para constatar e exibir duramente (novamente) a certeza de que o muro está em nossa frente (e não a musa, resgatada nas "Cores de Antígona", nas lembranças de Platão): estou tarde, envelheço a olhos vistos / a olhos míopes, a olhos de pirata. E vamos em frente, entre uma topada e outra, porque a vida nunca foi moleza. A poesia (pelo menos a que merece ser tratada como tal) também não. Pelo menos nesses versos ela se faz é de sirenes "ao som de bofetadas".

Esses poemas cantam (e contam) coisas grandes (Um "vestido de rendas chinesas") e pequenas ("Dá cá tua vida miúda, cansada, magra de sustos, suja de urinas"). Tudo aqui é sensação e linguagem. Como diz o título de uma das partes do volume, "A língua é corpo e o corpo é língua". E a fala de Patricia tem força interior, coragem de exposição, sem economia de imagens ("A puta que vos pariu é corpo"), dizendo tudo o que lhe parece urgente dizer.

Escrevendo na apresentação sobre o seu livro anterior, "Diário de viagem", a autora diz que ele foi "uma cusparada". Como será que ela define este? Arrisco dizer que é uma lambida. Molhada e certeira no sal da poesia.

Até porque, açúcar aqui é o que não há.

Luís Pimentel

# Algumas palavras

O ano de *Diário de viagem* foi talvez o ano mais difícil da minha vida. Eu tinha que lutar em várias frentes, cada qual com um peso inimaginável antes até do que chamamos viver à flor. O livro foi uma cusparada, um livro sem enfeites, sem celofanes, quase feito com rancor. Serviu a mim mais que a qualquer possível leitor. Serviu como instrumento de sobrevivência, balsa, boia, luz do fim ou qualquer outro clichê do gênero. Claro, ele foi rejeitado por editoras, tinha que ser. Não era editável. Não era para fora e nem era para qualquer viagem que não passasse inevitavelmente por mim naquele incansável retorno, cão correndo atrás do rabo, Alice dando duas voltas. Propositalmente foi pensado e escrito nesse período de desertificação, de transitoriedade, de achar-se ora espantalho e ora andarilho na dinâmica da própria história. Não que eu precisasse de cúmplices ou leituras. Bastava a palavra dita, com toda a sua gordura, com as fraturas do terreno, com as feridas abertas na própria coisa poética. Uma aventura que poderia ter originado qualquer final, qualquer um, o gelo fino partindo. Era quase impossível respirar no aquário que aquele ano durou. Dias de queda ao inferno, de Sísifo empurrando pedras, de Antígona afiando a coragem. Lutar contra o mundo. Que mundo?

No final do deserto nasceu o *Cabeça*, o *Cabeça de Antígona* — que foi escrito com sangue na boca, diante da morte inevitável, uma tomada de fôlego para arrancar fora a cabeça do corpo, desprendê-la de si para ofertá-la ao sacrifício da vida. Desistir da guerra foi como arrancar minha própria cabeça para seguir adiante, vivendo. Da dor nasceram esses poemas do *Cabeça*, gerados pelo meu útero invertido. São invenções de mim mesma e talvez não interessem a ninguém. Talvez interessem pelo testemunho, pela experiência mesmo de viver depois em vermelho.

Dizer que um projeto fechou seu ciclo é sempre surpreendente. Um livro que diz ao autor que está pronto é de uma vontade que choca. Fico entre o espanto e a perda. Um lance de pedra na água. Que vá e consiga encontrar seus círculos.

A AUTORA

# I
\*\*\*
## O CORPO É CASA

# Rotina

A desordem acumulada do tempo
desalinha as folhas da retina.
Alimenta os temporais com suas migalhas.
Vai sentir pena vai?
Ou vai mudar de mão?

# O terror

da urina
do cão
dos dias de cimento

segunda-feira com cheiro
de pesadelo da criança

pés descalços em espinhos
mal da flor decepada
um verme escorrendo
sem anjo nenhum
nem peito nem bica

um verso atirado
a arma de meu pai
apontada pro céu
por descuido

carregada

# Infância terrível

Quando contar a alguém da infância terrível,
antes do abrir de olhos e bocas,
caminhe fúnebre na prancha até resumir as noites
   quentes de amor
num tópico frasal: "então você é terrível..."
Depois é só deixar morrer lentamente
por meia hora.

# Desmame

demorava no banho que precisava ser morno,
o banho de natureza quente, uma arte de apreciar
pelo toque das mãos
os próprios danos
— com quantos flagelos se desfaz um corpo
— ou se recria um corpo?
na ausência de energia deitava em posição fetal no
   chão do box:
acabei! acabei! há fetos espalhados no chão,
todos me sangram! palavra boa era angústia,
melancolia é uma mala velha que não pode mais
   viajar

não, ninguém nunca retornou daquele país
   estrangeiro,
Eco ficou sozinha no escuro:
acabei! acabei!
acabei, mãe!

me olha, porque esse nó nas tripas
é feito desmame, dor de cordão:
berro em toda língua

# Leite de cabra

mamãe me deu leite de cabra,
não quis dar do peito pro bico continuar durinho

leite de cabra era doce
distante dos meus amargos

mamãe bebia, fumava, dançava até ficar doida
me prendia de castigo num quarto sem janelas
castigo por eu ter aquela cara de marmota
— enjoada que nem devia ter nascido — ela dizia

um dia me chamou de manso: parecia carinho
— pega lá, menina, aquela tesoura
peguei, achei que era gesto pra ficar bonita que nem ela
esse cabelo aqui você gosta? O bafo da bebida me aquecia o rosto
gosto sim, mãezinha. Então passou a tesoura, tão rente do casco
que estremi, cortou a franja, não deixou notícia de menina na cabeça
assim fica melhor, disse entre a fumaça do cigarro
não vai pegar piolho

parece menino, que era o que devia ser

leite de cabra veio quente na boca,
tão doce que aguei

# Tirirical

A vida era de uma delicadeza espantada,
acordada estava sempre espantada,
uma cara de espantada na porta!
uma estampa florida na mesa,
o cachimbo de lado,
os pés em meias de cor,
as crianças fazendo arruaça,

arruaça é que dava vontade de rir,
tio Inácio cuspindo fumo,
uma arruaça,
vovó temperando o cururu,
uma arruaça,
tia Marta catando o arroz,
uma arruaça,

catar arroz para livrar a família das pedras,
as perdas todas da nossa história,
uma a uma, retiradas do nosso alimento familiar,
cozido, cheiroso, gosto de alho...
temperado de abarás
se engoli pedras a vida toda
foi pelo disfarce das arruaças.

# Sobre as minhas muletinhas

tentei aqui esta couraça
ou seria ancoragem
não havia salva-vidas em número suficiente
para mulheres e crianças

onde está o comandante?
onde está o chefe da casa?
uma mulher sozinha com filhos morre pagã
se não tem dinheiro para o aluguel

onde está o dono deste puteiro?
arregaças tuas mangas, por quê?

não, não faço pilates, não tenho todos os dentes,
não como orgânicos nem faço yoga,
não ando a gourmetizar poemas
com óleos essenciais

sou uma mulher nervosa,
não consigo pagar todas as contas há anos,
atrasei este relógio de propósito, estou aqui em
    espiral
um dínamo me atravessa, que engasgada ando
    com essas bostas!

um dia perguntei para minha avó que usava
   muletas e para meu avô que usava muletas
quando ganharia minhas muletinhas

a demolição é minha,
mas as muletas são novas,
brilham no escuro:
um silêncio incrível

# Prodígios

A avó sentou do meu lado e disse:
esta carne está crua
voltei com a carne pro fogo
no círculo das três mulheres:
eu, a avó e tia Marta, a que matava galinhas

A avó olhava de lado, rasgando a verdade:
a carne ainda crua torrava por fora
e era crua por dentro

corri e deitei água morna
— a carne um tambor bem no peito
o olho sem pisco da tia

secou-se tudo no tempo a boa hora
a carne que cozeu algum sonho
era o lugar do migrante na sorte

a carne na mesa era sol
alimentava as três bruxas
quietas, risonhas, rasgando os pedaços
com todos os dentes

raiz, escama e revide
— um olho de vidro na mão

# A menina dos cinco olhos

Dá cá a tua mão, pequena!
E apanha.

Dá cá a tua mão pequena!
Dá cá a tua voz pequena!
Dá cá, os olhos, as feridas de cigarro,
os rachados de espelho.

Apanha a sova do dia.
Apare essa sombra anêmica.

Dá cá tua vida miúda,
cansada,
magra de sustos,
suja de urinas.
Dá cá os teus cinco olhos,
quero ver se eles enxergam.

# Casa velha

esse poema é uma casa com vista para os fundos
nele há notícias velhas de escombros
uma parede infiltrada
arranhões e fraturas

parece um poema antigo desabitado
mas é só um poema em demolição

casa pequena posta abaixo
para a construção insalubre
de um arranha céu
na garganta
feito nó
apertado
— uma cinta

# Ruínas

nossa casa virou pedaços como peças de dura lex,
    dizem que os cacos não machucam
mas acho que esqueci minha boneca de machucar
    por lá, não tinha nome nem cabelo
não temos retratos da nossa casa
Inácio, onde colocaste o álbum de fotografias?
é a voz de minha tia ou avó dentro de um eco
    perdido na minha loucura

o tempo contamina as coisas, eu sei — um véu
e a alma é um fantasma pendurado no meu corpo
não recebo más notícias das ruínas que nos
    tornamos
apenas escuto o som feio de um pássaro que no
    lugar de cantar, grita

mas o pássaro, a casa, a guerra, as mulheres e as
    crianças, todos sem exceção — só existem na
    minha cabeça

— nem machucam a parede

# Maquinagem

a maquinagem se desfazendo

a chuva trazendo a cheia, fluxo de sangue,
toalhinhas lavadas

o tempo das janelas moringa
mal posso esperar para ver crescer os espinhos,

para ver as engrenagens deste rosto,
uma maquinagem de expectativas
mnemônicas

o seu lugar um átimo,
o fio terra de avó, a língua incrustada na pedra

dias de esquiço de ave
e de nunca mais limpar os canos
das máquinas

# Tão íntimo

Minha porta: olho no olho.
Ela tão crespa, uma onda, um veludo verde.
Era montanha, uma terra firme, uma noite e o
    cisco.
Outro dia de caos e os cães ali ladrando,
a cidade fria de novos açoites, o frio da alma
    esquina
O olhar vazio dela
era meu vestido de renda chinesa.
A cidade crua de gente era uma nudez de
    passagem.
O fio trágico, o fino pano, o meio frio dentro de
    nossos pés,
os pés nus das estátuas de gesso.
O copo dele vazio de farsas
no meu sorriso de avisos, reclames, faz desamores
    bestiais.
A cidade anoitecendo, a terra ficando mais firme
era a semente, dor de respirar fundo... um raio x
O cheio dela é que esvazia
e vai de espantos me encher (ar, preciso de ar...):
é uma sede num dialeto, espiral
de uma língua da mais fina trama.
Tudo tão istmo... que me esperanto.

## Casa aberta

estou tarde, envelheço a olhos vistos
a olhos míopes, a olhos de pirata,

procuro agulhas nas caixinhas
sou um terço do quarto que desejei ser

estou de vigília nessa montoeira de horas
   desordenadas,
calculados os perigos, os danos, as epígrafes

não corro mais atrás de mim mesma, Alice

ando diminuindo
diminuta
ando

estou atravessando aqui o meu silêncio quebrado

atrasei tantas dores

não adiantei a morte

fiquei quieta no temporal,
andei de trás pra frente

olhei duas vezes o mesmo espelho de dentro

e o que vi
me abraçou

— de repente

# La mer

escavo com a unha a derme da escrita
vou de encontro ao mar

vou de encontro à morte
frágil, humana da escrita,
levo o mar escrito nessa linha

vou de encontro e só,
o verso que espume

# II
\*\*\*
A CABEÇA É CORPO

# Gataria

A mulher da rua tem gatos amarelos,
a mulher com seus gatos mia
e espera com suas gatomanias
a mulher da hora
que não chega

Ela entrou na chuva
não levou sua capa
— é a mulher dos gatos pretos
que se antecipa de voz,
seu eco é tempo de coar
— é a mulher do gesto

A mulher do grito
chegou com seus gatos cinzas
e malhados
ela é a bruxa de todos os dias
e já andou na própria morte

Gatos na porta, na cama, no cesto,
no imenso balaio da vida

Gatos, gatas, gataria
a mulher que tanto ria

guardou o gato na perna,
coxa esquerda,
e entrou no túnel

O resto é história
— os gatos não mentem
e as mulheres se encontram
onde menos se esperam

# Cores de Antígona

Tantas noites solitárias geraram um corte
  profundo na geleira.
Como o gelo em que deslizamos por tragédia:
  entre viver e amar.
As musas eram nove ou dez? Platão estava certo.
Safo era décima. Como Zeus era o apelo amoroso,
Safo a verdade mais amorosa.
Depois da noite mais cinza, surgiram essas novas
  cores.
São cores de Antígona no tempo irre(ver)sível.
Depois dos séculos de silêncio e grito,
as frágeis trajetórias das mãos encontram um
  rosto.
Enterrar, desnutrir o passado de não-existência,
da escrita negada, do tremor noturno destituir o
  mito da renúncia,
aplacar a repetição como propósito,
nutrir a terra, descansar o corpo na sombra,
deitar o corpo na inexplicável sede do humano,
do humano de teus olhos, teus dias doces...
Depois da noite de rios amarelos, novas cores de
  Antígona,

palavras tecidas no fino instrumento, sútil tear
   das que escrevem da morte
a coragem, os devires (entre nós).

# Os olhos de Tirésias

Talvez se deitasse em seu corpo,
talvez se sentisse suas perdas, seus desafetos,
talvez soubesse dos olhos que a acompanham.
Aquela moça parece bem alegre chegando de Lion.
Era preciso entender que transitava por dois mundos,
andava com os bêbados e vagabundos da cidade ocre,
comia migalhas em jejum do mundo cult.
Mundo cão andar entre dois mundos,
contar moedas para o pão, ir ao teatro com os amigos.
Estrangeira de dois mundos, visitante com visto e passaporte,
hora de chegada e saída, a estrangeira.
Era preciso beber vinho ruim e vinho caro,
sair com homens de todas as espécies,
atentar-se para a destreza do relógio de pulso,
cair na sarjeta, amar o profeta,
conversar em línguas macarrônicas,
estampar uma camiseta de frases.
De dia fatiando silabas, à noite conversando com pássaros.

Era preciso ser Dioniso, atravessar os canteiros dançando.
Amanhecer Apolo, encontrar a beleza no asfalto cinza.
Era preciso romper um decreto, cair no buraco, falar com Tirésias para tirar a areia dos olhos.
Era preciso fechar o véu para viver sua loucura.

# Roda gigante

Contagem regressiva para a terceira revolução.
Comprei minha capa de ser invisível
mesmo que invisível seja hoje o ser atômico,
esse caos dentro do quadro que desbota em azul.
Este pedaço de carne pendurado em meu dente
ainda me dói. Mas estamos a caminho do
  subúrbio quente,
onde estrelas morrem na porta de casa e se
  apagam.
Contagem automática para o terceiro fim,
onde a acidez é cicatriz de todos.
Com minha capa de invisibilidade posso
  documentar meus passos
numa velocidade magnânima, num soco na
  bendita liberdade sem uso.
E todo curso poderá ser mudado por palavras
  duras, as mais duras, as más duram...
Jornal de embrulhar notícias dos bairros que
  fervem de asfalto,
os metrôs aceleram as partículas de um
  sentimento poético profusamente acomodado
e a distância entre dois pontos é o vazio que cresce
  em franca expansão no espaço,

um corte micro, uma monossílaba que vaga no inverno sem mágoa.

# Bofetada I

De repente encontrar uma poesia dentro de um
 rouxinol,
mas o rouxinol pertence a Shakespeare.
Todos os rouxinóis andavam nos ombros de
 Shakespeare.
Não se podia mais o desejo de rouxinóis,
todos capturados por Shakespeare.
E algo tão repetitivo não deveria cantar no ouvido
uma sirene ao som de bofetadas.
Havia um lindo rouxinol preso indefinidamente
 ao estrondoso
sentimento surdo de Shakespeare.
Sabiás e andorinhas não interessavam mais,
 apenas o rouxinol.
Na gaiola o símbolo de uma imensa covardia cola
 cartazes:
o rouxinol preso canta hoje o horror da cotovia.
O poema rinha,
esbulhos.

# Juke box

aquele fiapo maldito na lapela
olhei para o homem que vestia calça e camisa
parecia meu pai nos vincos
carregando fiapos por todo corpo
alegre demais por suas fiações

se tiro o fio
não como o fio
meu avô tinha casa de tecidos
cashmere no epitélio

serei grata por toda indecisão cafona
de ler sinais nos cravos do caixeiro

nos sonoros da Juke Box
músicas de fazer chorar
ultimatos:

levantar
saber sair
levar o corpo com a pedra

tecido bem não dói

# Antídoto

gosto desse corpo que me aquece os sentidos,
meu medo de cair da janela,
um futuro no jogo de dados,
deus não joga dados,
eu jogo

Eu passo.

# O poema de amor

eu tinha disco de vinil
som de agulha e teatro de sombras
tinha costumes, regras de convivência
flores de jardins e coisas prateadas no cinzeiro

eu até tinha uma decência qualquer,
espelho de penteadeira, nuvem no cabelo
e andava enaltecendo a pouca métrica
e trazendo moral aos sobreviventes trôpegos,
parcos míseros seres que só sabem perder

era um poema de amor, eu me comprometi
comprei anel de anular, calcinhas de estação
meu passado rotulado no cume de uma nostalgia
    brega
tudo em pouco vão
fundo era minha gata
fundo de banheira
coleções de diabinhas

atenção: era um poema de amor,
mas saiu assim, melado de promessas cutâneas
apertando os lábios:

amo as presas pelos olhos
de minha doçura que se alma de papel

nas seivas, os animais na floresta
um leopardo, uma onça pintada
os cheiros que me acalmam exalo
porque não era e agora é um poema de amor

# Auto-ajuda ou cavalgue o leão

não pise na faixa
não cuspa na faixa
não defeque na faixa
a faixa na cabeça
não se cruza com a máquina de moer

não trafegue
não coma a faixa com farinha
não fale com a faixa na boca onde moram seus
 dentes
não seja o elemento x, não cruze o farol
não faça sinais obscenos, não morda o guarda
não se guarde da chuva, não componha uma
 música de mar
não atravesse ainda, não seja o morto da vez

salve sua palavra do seu próprio atropelamento

não mantenha contato visual com as pontes
 movediças
não leve jamais a faixa pra casa, não beba a faixa

leve apenas o seu trânsito de sagitário

e cavalgue o leão

# III
\*\*\*
## A memória é corpo

# Mordente

Desci a rua grande correndo e acordei acorrentada
 na montanha
entre abutres que comiam o meu fígado sem
 parar.
Contaram que foi promessa pros justos,
por isso descobri que nenhuma palavra é tão fácil.
 Nem amor.
Amor não era fácil. Nem profecia. Nem justiça.
Amor tinha mais brutos que o pão dormido da
 infância.
Amor era palavra inventada pra vender
 desodorante feminino, adocicado.
Era palavra pendurada num mastro da vila militar
 com corneta tocando.
O menino envergado, eu ali hasteando a bandeira,
 e amor era conga azul,
vendia bem. A corneta tocando. O menino suado,
 corcunda de sol.
Hoje, justamente na trama, a notícia chegou ainda
 entre correntes,
a nossa casa a demolida,
a casa onde nasci não existe mais,
está morta sem janelas, tinha poucas.

Pensei nos terremotos que arrastam lembranças
   até engolir sem piedade
as aparências do passado. Tentei recolher
as imagens
as memórias
as rosas vermelhas do jardim, os enxertos.

O fígado comido me fazia bem doer.
Agora a casa é velha.

Peguei um balde imaginário e fui catar um brinco
   de ouro, um lado perdido.

Voltei com o fígado mais dilacerado.
Comi as imagens
Comi as memórias
Comi as rosas vermelhas

De tudo vivido o melhor foi comer da memória,
corpo e fome sem nenhum drama.

Subi de novo a montanha, o fígado fogo aceso.

# Unicórnio

Tem dia que acordamos com esse unicórnio
atravessando nossa cozinha
um cheiro de café que vem do bule
um cheiro de quem quer
café?!
Tem dia que acordamos assombrados
e levamos o unicórnio na cabeça
para desfilar na praça dos leões
Tem gente que dança assim
será?!
Tem dia que basta sair com o unicórnio
para receber afago
e é só colocar camisa branca
sapato de lista
pra sentir o odor da ilha
Hoje saliências me dominaram a tristeza
Peguei meu unicórnio
Andamos pela cidade, andamos pela aldeia,
conversamos num banquinho
e embarcamos para casa da velha Zuza
Tem pirão?!

# A outra

escrever como a máquina
comer como a máquina faz
exercer o sexo, o clitóris entumecido de cápsulas
abrindo uma arma, a máquina de cavar os pelos
numa nuca, uma a uma:
rosa é vírgula, soror é manto, nome de espelho

escrever como um búfalo
com ventas e válvulas
arrastar os pés no território
brincar de sangrar a amiguinha
anjo devoto de branco
lábios de dizer blá blá blá

como a máquina pode saber seu nome,
sua vasta cultura eletrônica,
sua cultura de merda digital?

posso preencher o formulário?
há uma corda disponível no armário
e uma máquina de fazer furos geométricos

a máquina pode rasgar seu verbo com os dentes
arranhar seus mamilos

que tal?
atrasar sua hora com oferendas?

nada tem mais espera que a máquina

a máquina não sente
a máquina não fede
a máquina não cheira

a máquina processa o processo,
processa o cão latindo, a focinheira,

a máquina parada quer só uma chance
uma camada de sorriso fake
um amparo festivo dos olhos da outra

escrever como um gole duro de cachaça ruim
quieta no ponto raso
arrasada de dor na pele alheia
ser nua como o amor dos tempos: retro mecânicos

recolher a potência
orar por Deus

# O poço

perto do poço
uma mulher faz vigília
o tempo acostumado aos relógios
é uma pequena morte de tudo

a mulher espera a poça
no pouco da vida
tem sentimentos de chuva
mas não chove

tem cabelos de ilha
mas não parte

parece que tem uns olhos grandes
feito dois horizontes
e às vezes eles escurecem

todos os dias alimenta os bichos
que a comem por dentro
tem sede de palavra que nela esgota
feito um fiapo de nada

perto do poço
muito perto

esquece dos dias terríveis de guerra
alcança um espelhinho quebrado
e retoca o rosto
como quem esculpe sonhos
na rede que lhe leva o corpo

# Medusa

a viagem para dentro
— o oco
feito um tiro no peito
o soco no escuro

vertigem de espelho
é a hora mastigada com manteiga
numa nódoa de repúdio em jornais para dejetos

minha cabeça no prato
traz meu sonho esmagado entre as mãos

atravessei a resposta para buscar a espingarda
porque armas são brinquedos de meninos
territórios
planetários
transitórios

uma mulher lava meus cabelos
estou morta
estou leve
estou branca
estou anjo
estou nua

estou limpa
estou dura
estou seca
estou longe
estou perto
estou dentro
estou dois

uma mulher lava meus desterros
me veste de belezas
me passa batom
me leva para o amor

meu ódio na nuca
explode violeta

tenho raiva
tenho nojo
tenho um grito pra ti
e um falo
mas uma mulher enterra meus cotovelos

estou nela
estou puta
espalhadas de cinzas
mais puta ainda

nos transitórios
territórios
planetários

quase um réptil sensível na redoma

# IV
\*\*\*
## A PUTA QUE VOS PARIU É CORPO

## Para meu pai que está enterrado em Creta

Esta canção de desespero é para meu pai:
o sem rosto

sentada em banquete com meus espectros
lembro de pedir um fundo de abismo
que não traga espelhos

quero esquecer para sempre esmolas de afeto e
    amores cínicos

abraço apenas os desconhecidos, estou sóbria
cansada, mas sóbria

esta navalha no bolso, por exemplo,

é para o último cordão

o sonho íntimo do atropelamento é para crianças
que andam no asfalto

tenho pés inchados de andar

# Direito de resposta

ele me disse para tirar a puta do poema
a puta palavra, palavra puta putana putinhos
putos putas a palavra puta, puta poema
eu engoli a puta com o poema
essa é a primavera das putas
puta poema curta corte poema
poema na puta que me come o poema
na cama de fazer poema com a puta
eu sou a puta poema na rua com poemas putas
palavra poema puta poema palavra rima com puta
palavra não sossega na puta puta puta puta puta

garota punk rock que trabalhou na poesi
era calcinha com poesia:
um puta poema
poema e versos de demolição da palavra achismo
machismo
bandeira enrolada na criança triste
triste poesi demolida
na palavra ramos

ele me disse pra atirar
eu atirei

# Poesia no escuro

*À Ana Farrah Baunilha*

eu também pulava janelas, Ana,
também escutava coros de igreja no ouvido,
devia acelerar minhas partículas, atomizar minha destreza
e parecer menos hermética à primeira vista
— é o que sempre me diziam os que sabem

mas antigamente tinha uma porta aqui
e uma porta de emergência para a escrita em vermelho,
a escrita no sangue, e outra para o infinito e um deserto

até mesmo tinha uma luneta para olhar estrelas
e colecionar notícias de apego
porque fui de nascença:
coisas de poesia férrea
coisas doídas de desvios
fórceps na cabeça

# Na poça

não, não brinquemos de esconde-esconde
minhas charadas são inocentes
cada dia descubro uma parte da minha própria
    piada
mau gosto diria
mau jeito de ser
viver pra quê?
não me oculte o fogo, Senhor
meu Lord, meu mito, minha estampa de escrava
    de deuses
não me oculte o sexo, o tempo da vulva nas mãos
meu clitóris foi machucado quando criança
ah, sinto muito, caros palhaços, aí sentados na
    minha arquibancada
Muito prazer!
sim, digo, muito prazer!
ninguém estava lá para apagar os incêndios
chorei sozinha no quarto sem janelas
pulei amarelinha no dia seguinte
e tolamente sobrevivi à cabra-cega

# Poemas fofos

escreva poemas fofos
escreva sobre crianças rosadas
sobre a açucena que floresce no campo
escreva sobre a máquina de escrever
sobre o voto feminino
sobre o tempo de jejuar
escreva sobre o cupido
e a arte de amar ao contrário
o contrário
escreva sobre a pílula
a papoula
escreva poemas fofos
escreva sobre o deserto de vidro
sobre a noite da conchinha
as fadinhas, escreva sobre as fadinhas fodinhas
escreva sobre a bela natureza,
sobre o natureba, o natura bio degradável
escreva por extenso sobre os agrogradáveis negócios
sobre as ameixas do bolo diet
escreva sobre o ponto de interseção
sobre a incomunicabilidade do escorpião
escreva poemas fofos
escreva sobre as considerações absurdas do desejo
sobre a escama do peixe quando machuca os dedos

sobre o aborto e o aluguel
sobre a fábrica, a bolsa vasculhada,
sobre as filas nas prisões
sobre as mãos que escavam as bocetas de vossas
   mães caladas
escreva poemas fofos
escreva sobre a humanidade do parto
sobre a gilete na boca
sobre o perdão e a invenção
escreva poemas fofos
escreva sobre a morte natural
o anti-objeto-de-transição-fálica
sobre o silicone e a infecção
escreva sobre o medo do escuro
o medo da noite que corta em metades o coração
a arma que o menino pegou no armário
a forca de ontem
o cinto, a fivela,
o tempo do contido,
a espinha esticada
a vitória de Deus,
a glória de Deus
a faca de Deus
a vertigem do homem
a mulher amputada
escreva poemas fofos

# A nascença e o verbo

existir é cair
há essa gravidade
esse pêndulo,

aquele fio da outra rompendo
o círculo do tempo
uma fonte de medo rasgando,
sugando nossas tetas velhas e mortas
de parcas

a menina traz uma pipa com cerol
quer empinar a existência,
mostrar que tem desertos pela frente

existir é cair
como um pião cansado do jogo,
uma pipa enroscada na árvore,
a que se colou no seu telhado de vidro e gelo
e foi esmagada

sem redes ela pula das cordas,
quer dialogar diretamente com o trapézio
e diagonais,

esfrega os olhos quebrados pra ver:
um menino que corre — talvez,
uma pipa com vidros — talvez,
o céu desabando
foi consumado

# O círculo

Hoje eu não dormi de novo,
estou acesa de tomar vinho barato,
de doer de acender a luz dos olhos florescentes.
Acendo e queimo, aparo unhas, ajusto canivetes,
penso em soluções, dissoluções, o pinga pinga da
   torneira,
a chuva fina de conteúdo poético,
minha plástica de insônias sucessivas
um signo distorcido, um som de vampiro na
   porta.
A arma é minha por engano, doutor!
Balas escapam!
Quando atira eu mordo,
se atiram, eu sopro.
Sou perfeita para tiros ao alvo.

# As supra-reais e o corpo morto da escrita

Recebi hoje este caixote. Precisei de instrumentos de apatia para abri-lo.
Ferramentas de dias suspensos a esperar algumas pequenas demonstrações,
algumas algúrias de devolução de bens, bem jogada ao mar, mal vem te encontrar.
Na oscilação das margens vivi de levezas suprarreais,
mandalas fingiram girar nos olhos daquela menina inglesa e sardenta,
pensei que Londres era cidade dos sonhos, uma armadilha,
sonhos e armadilhas têm o mesmo sabor da Madeleine,
um sabor de madeira com chocolate, canela, aromas de doces abismos.
Por que Ulisses não regressou?
Recebi hoje este caixote. Vinha com o aroma do azeite de Córdoba.
No Chile descobri um cemitério gelado de ossos.
Nossa amarga e doce América tão latina.
Afinal, por que Telêmaco não regressou?
As dores do parto não são as piores. O pior é não saber quem cuidará dos fantasmas

de Medeia.
Afinal, por que Ofélia não regressou?
Mas hoje este caixote chegou à Rua Herotides,
trazia elementos marinhos e solares,
algumas inscrições tão antigas quanto o mundo,
desejos de vinganças,
quedas de impérios,
sangue e barbárie.
Por que o velho do rio não retornou?
Nenhum estrangeiro que tenha passado para o
    outro lado retornou.
Nenhum viajante.
Apenas o caixote que hoje recebi regressou.
Trazia pequenos fragmentos do nada,
uma bacia branca, um olho de vidro cego,
uma perna de prótese para bailarinas,
um instrumento de corda.
No fundo do caixote um corpo morto, pesado.
Por que a vida não retornou?
Peguei do serrote e dei cabo dos últimos pedaços.
O que fazer com esse corpo morto da escrita?
O que fazer dessa morte silenciosa e estupenda?
Alcanço o corpo do fundo e sigo até um penhasco,
jogo-me com ele de lá.
Quem sabe agora Eurídice não retorne.
Quem sabe agora.

# O crítico

ele me diz para ter cuidado
cuidado com os poemas,
que poemas não nascem de chofre,
esse desuso,
poemas menores necessitam de um esmeril,
há de se raspar as palavras com duros instrumentos
de corte,
raspar com filetes, sangrando a pele até que saia dali
— sem superfície — a nova estética da recepção,
  pingando no chão um natimorto

a palavra merece ser cortada aos filetes para caber no verso

amadora, venho com a carne nas costas, um pedaço gordo de carne, muita gordura, muita banha
me confundo com ela no visceral, nos músculos à mostra,
mas ele quer o retalho
Seus olhos brilham de abate:

corte os pulsos do poema, corte a glande do
   poema,
corte o baço, o rim que sobra, essa margem, uma
   ponta

crave os poemas com mel
deixe que eles aguardem em repouso
coloque em refratários, cubra com panos brancos

deixe que passem anos, que o mel entranhe na
   carne
que o sangue adoce a doença
e que a carne seja enfim ato de consumação das
   massas mais pensantes

# Vestígios

Naquele dia alguém que você amava trocou seu nome,
esqueceu de lhe dizer boa noite,
pediu que não fosse mais o de sempre aquele jantar
e lhe disse sobre conhecer um outro país na próxima viagem.
Naquele dia sem nenhuma margem de erro
alguém que você amava atrasou duas horas para chegar,
alguém que você amava trouxe um mapa com um novo desenho,
queria entender como se chegava às mais altas cordilheiras,
voltava a ter apreço por montanhas, sentir o rarefeito.
Naquele dia através do espelho alguém que você amava
atravessou a sala num movimento único e sem improvisos,
deixou de beber o vinho, trouxe uma festa e um veneno escondido na manga.
Colocada a água para ferver ninguém foi apagar.

# Encontrando Bouvard

A diáspora e a espada se encontram.
Terra que ninguém pisa é a cabeça.
A cadeira vazia forja a fragilidade do grão.
Dar sentido ao futuro? Quem poderá?
Coração na boca
nada suspende ou irrompe,
nada consegue não orquestrar sua queda.
Nada contém o salto, que é em-si.
O suspense está na corda bamba,
o coração um equilibrista — cai não cai,
rufam bambos os tambores, bambas as pernas,
laços entre os pés sem rede,
a corda ruída, sabotada
— e o salto de quem ama é mortal.

# Há vagas para as moças

quando todos dançam no subsolo
da própria existência
quando o coração se frustra
numa boia de salvação

sim, nesta hospedagem de moças
há vagas para as que trepidam
esse som que escutamos agora:
enigma de som, um choro de baleia,
um corpo que se queda,
um tombo na água

corredores para marionetes,
ruas para asfaltos,
dores para os estorvos
para uma distração nova –
pendurada de açougues:

mamutes,
rinocerontes,
cavalos-marinhos, uma vaga para
o minotauro
na vulva diletante

# V
\*\*\*
# A LÍNGUA É CORPO E CORPO É LINGUA

# Uma língua

não se suje
minha língua
na criatura,
xícara rachada
bem abertinha no lábio
não se gaste
não se corroa com seu gesto
de língua nas Savanas

não se deite na boca acesa
não se amarre nos dentes de ouro
não ameace lamber o lume do abismo

caia e se renda
toda alma é pequena

# Navalha e coração

o peixe nas tripas o aberto
o bucho da armadilha
no fio de corte

a fruta do porto
é a partida do tempo: não quer saber de mar

a salgueira come os dois lados da maçã
que se corta ao meio

parte morta
para o infiel destino do abraço
— no outro a ferida
consumada na pedra

no outro
o desejo ou é guelra
ou fica inteiro nos dentes cobrando sentido

os fios de dor são entre
— tem navalha e coração:

Vende-se esta vida mundana para outros fins

# Poema engraçadinho

passei este café na calcinha,
então passei um rio dentro do oceano,
atravessei o templo de joelhos sem nenhum sinal
   de cobertura

pontes, abismos, cordilheiras, saltos ornamentais
disfunções do pâncreas devido à cachaça ruim

por que não deu sinal?

pintei as unhas de gatinha no cio,
apanhei folhas de arruda,
fiz segredos com anões de jardim,
fumei marijuana em Guadalajara
e mordi folha de coca em Bombaim,
bem melhor assim

lambi a gota serena, beijei a chuva no travesseiro,
abracei agarradinhos
e vi o céu virar telhados decantados

soprei uma vela na multidão,
rodopiei no viaduto do Chá por mimetismo,
coloquei a calcinha pra lavar na máquina,

fiz tratos com sereias más
e o indelével do mar

dizem que um dia se acontecer aprisiona,
um elefante na porta guarda sempre mistérios
com seus quatro braços cruzados,
como o futuro que se enigma no fundo, escorre,
   acomoda
— ou esse miolinho de flor que amassamos
entre nós, esses risinhos rsrs, nossos farelos
são reticências

# O apito da jaula

Seja uma linha de trem
caminhando entre as cruzes da família
Eu não deveria me chocar
Eu nasci para trabalhar,
para seguir filas

Fui libertada pelo carcereiro,
mas ainda aqui uma linha de trem,
a estrangeira que rompe o casulo

— a desperta!
...
...
...
entrei no mesmo túnel sempre:
cinza,
cinza,
cinza,
cor de uni formes: o tempo
— um hipopótamo na jaula
(parecem devaneios o que escrevo)

saí agora mesmo
vestida de cores que berram, fagulhando o centro

feito despida e crua na carne
— o cadeado é que dói por dentro,
mas ainda assim me leve para o matadouro,
tenho cores novas para mostrar

por baixo

# Cabeças de Antígona

pés de pássaro caindo
a cabeça de Antígona enterrada no quintal,
esquartejada na chegada ao mundo

através das horas frouxas
chagas não são nada

quero apenas pensar que me lavaram o corpo,
quero pensar que me deixaram as mãos
quero uma lágrima para o gotejo

23 anos, 34 anos, a esquartejada cabeça
e os pés de pássaro enterrados no jardim

esse corpo de menina,
essa coisa que queima,

abismos são distrações,
promessas e avenidas nos prendem
aos ouvidos surdos,
aos olhos e aos cegos
— bonecas brincam como pessoas no quintal
— são cabeças de Antígonas,
rosas tímidas brotam de suas pernas grossas

espadas são de Jorge
pedaços apartes, as flores de Adão
cabeças — são de Antígona

# Estrelinha na pedra

papai esqueceu de acender a luz
a menina subiu para o terceiro andar,
pé ante pé pela escada caracol que levava para o
 quarto de dormir
mamãe esqueceu de apagar a luz
o quarto é tão claro e escuro

quando chega a noite ela tem pesadelos com
 carnificinas,
mas são os filmes de monstros que andou vendo

a avó acendeu uma vela para os dias das almas
 perdidas,
o silêncio é a palavra que morre quando a noite
 chega

a menina abre o escuro do tempo na tela
 claustrofóbica,
precisa de ar e de palavras menos herméticas,
começou a escrever poemas aleatórios sobre os
 dias da guerra,
dois olhos no tempo escasso, agulhetando,
 espetando seus dedinhos

solidão de criança é maior que a de adulto,
o tempo é leite, dedilha a boca com seu calor,
é preciso ter dois sentidos de espera: ir e regressar

papai esqueceu a lâmina de barbear na pia,
mamãe esqueceu de dizer adeus ao sair,
vovó acendeu uma vela para os mortos

ela contou as cantigas que não escutou,
abriu um leque na abertura de dimensões
e nunca mais acendeu

— agora é pedra

# Dentro

uma boca aberta
engole o breu

noturna a pele
o breu engole
o perigo da ostra

quem pode ir contra
por dentro?

# Relieves fatigue

um pouco de fadiga
se resolve com comprimidos?
um pouco de sono
com serpentes avulsas
de relaxamento, soro?

a surpresa é a chave,

ela não abre:
cofres,
fechaduras,
dorsos,
muros,
mares,
afogamentos,
afogados,
distâncias,
estrelas,
países,
burcas,
cansaços,
olhos,
cabeças

nem corações

não abre

# VI
***
## O MAPA É CORPO

# Sólida

lar

onde demônios carregam tijolos
solidão é tempo
e as mortes, nossas, esta casa inacabada
sem rosto.

Eu e
outro eu
no cruzamento de roucos
uma bota suja na cama.

No meio do corredor vazio
a dor é lábil.

E sólida, concreta
sua existência.

Lar onde perdi minha bota.

# Janelas em algum final

uma expressão de tristeza quebra vidros
a janela quebrada tem mãos de criança
não é da minha pessoa andar em bandos,
mas é a graça que nos mantém puros de alma

"ainda que eu andasse pelo vale da morte..."
ainda que eu andasse em bandos,
ainda que eu movesse a cabeça,
que eu dissesse sim como a ovelha
não teria uma alma pura

um cordeiro sabe o dom do sacrifício
não tolera o espanto
minha boca está seca
mas hoje não temo mal algum

# A mulher e os répteis

acordei ao sim do meu rosto na bacia
— era preciso não suportar as pedras por mais
   tempo,
era preciso ter um peito de aço,
um dom de sustentar no ombro aquela tonelada
— esse punhal no que esquivo do olho direito

este não é o meu sonho,
é minha realidade, uma frase de efeito

um amor de conchinhas,
um tempo a mais, uma vida a mais fora da jaula

uma reprogramação inesperada
de vontade de infinitos & jogos

eu poderia desejar abrir a temporada
com esses marcadores de páginas,
mas meu tempo coou este sumo impaciente
onde abraço imagens
e registro a mulher que passa agora diante de
   mim,
tão sensível e caolha
quase eu, aberta à caça

# Escrita

Escrever
é novelo

nó velho espelho
nu para sempre

nua poesia
de novo desejo:
mais bela que eu

# Uma palavra

Aquilo não era bonito,
bonito era não ser aquilo,
aquilo feito gesto bonito
destratava a palavra.
Aquilo era a covardia,
a palavra mais suja do dicionário.
Quem quer brincar de forca?
A professora gritou do quadro, negro?
Vieram os meninos, um a um, enfileirados...
Errava a letra, traço na forca,
até virar menino palito e ir pra degola.
Não que ela fosse terrorista,
longe disso, ela só não sabia
que a palavra forca enforcava de verdades as
 virtudes.
A árvore, o céu, o azul,
os retalhos de sons no papel,
aquilo era bonito.
Mas bonito era uma palavra em descuido
no dicionário.

# Caminhar na neblina

Hoje tudo doeu,
a margem esquerda e a direita,
os olhos de um menino que atravessava a rua
com sua caixa de chiclete.
Outros dias vi o menino sem doer.
Hoje não. O menino doeu por dentro, amargo,
amargura minha, minha a falta de tato.
Um gesto me fez comprar chicletes culpados
e tudo ao redor me doeu mascado.
O peso do viaduto, as vidas jogadas na rua,
as garotas perdidas, o meu sangue no espelho
espirrando uma imagem que me cerca.
Tudo naquele instante, naquela música surda
me doeu.
Esperar minha sentença, minha hora, boa hora,
a não-hora, o não-acontecimento, nunca-chegar,
não-ter-alcançado me doeu.
Sair de casa tarde da noite com febre me doeu,
voltar pra casa tarde do sonho me doeu.
Tantos partos marcaram minhas certezas de
 corpo,
são meus os sentimentos, meus sentimentos...
A casa destronada, a casa invadida, a casa
 ameaçada,

a casa nas costas, a casa conta-gotas, a casa sem lugar
sem cadeira de descanso — me doeu.
As tentativas de amar, o salto triplo nas trincheiras,
as carnes que se arrancam com as unhas,
o pavor de estar sempre só me doeu.
A viagem é de cada-ser-em-mim, o atravessar de portas,
as sentinelas, os abraços que não chegaram,
o vento frio agora na rodoviária — doeu.
Meu corpo anda cansado, travesseei tantas cidades,
uma mulher me sorri, canto de boca, boca murcha,
ajeito minha altura pra frente
e voo.

# Fotograma

O frio cortante dos lagos do Chile me faz pensar,
a ilha que afunda em minha terra, bem diante dos meus olhos, também.
A noite chegou com o anúncio dos mortos, cinco meninos eu vi,
mas era notícia batida com roupa e muito sangue misturados à máquina de lavar do tempo.
Fui pra cama lembrando da Laika. A cadela que foi pro espaço. A que orbitava no Sputnik Dois.
Chorei com a história, pois sou sentimental e tenho insônias.
Perguntava ao lago do Chile o porquê da minha sobrevivência,
eu, a fraca de ossos, a feita pra morrer de doença infantil,
a pálida que nasceu sem sorte.
Eu e a cadela Laika sumiremos neste poço fundo onde todo amor raso desintegra as fêmeas.
Não há um remendo sequer de luz do outro lado que nos encoraje voltar.
Comprei uma árvore de natal de plástico com bolas artificiais.
Penduro bibelôs, notas de resistência, um painel de artifícios com um cartaz em inglês:

Happy Xmas. Minha tristeza é tão profunda
 quanto os lagos profundos do Chile, os de
 cobertura de gelo. Não resgato meninos nem
 cadelas. Sou impotente para me defender. Fraca
 dos ossos leio Novalis com lâmpada fria e piso
 em ovos.
Ando nua derrapando, vivo sentindo esse fino das
 pequenas e invisíveis rachaduras.
Sonho com foguetes e minha escrita requer
 distorções.
Ando pensando em Laika, vira-lata via láctea,
e a láctea me lembra que só tive mágoa de viver.
O futuro pode ser frio como um lago gelado
 andino em fotograma
por onde vejo outra cadela, aquela, a que de
 manhã já está no cio.

# Lavanda

o cheiro crespo tem lavanda
minha roupa crespa
meu teto crespo
meu cabelo crespo tem essa lavanda

eu trocaria qualquer mediocridade instantânea
por um minuto de ideia acesa

o corpo tem essa história secular
com sabor de terra,
perdemos em fascículos

eu trocaria os tambores que estão em cima do
    armário do quarto
e me deitaria com botas na cama,
a blusa aberta

o tempo tem essa vertigem secular
e eu me mataria por pouco
— tanta poesia vazia nas prateleiras

mas essa lavanda me exila

# O bebê morto

A memória se deitou numa caixa escura,
uma memória uma centelha de sentidos,
as coisas dentro da caixa um relicário,
guardados de carnes do menino santo,
santo corpo de lírios,
santo corpo há reentrâncias,
oculto, vigiado, ressentido,
cuspido, fatiado entre bocas.

Do lado a imagem
é humana.
A água que escorre memória
é humana.
A terra terrorista
é humana.
Deus do outro lado
não é humano.
Nunca foi.

# A sanguinária Ana Lee

a sanguinária Ana Lee tem ácidos desejos
tem ácidas antenas de TV, pois não nasceu na era
  do rádio
a sanguinária Ana Lee tem um pôster da Coca
  Cola
e umas ácidas esquinas por onde trafica
saias bem justinhas
seu sorriso é só maldade, seu estilo é Macbeth
ela engole fichas telefônicas, porque é noir
carrega spray de pimenta,
salto de plataforma
e quando quer sentido pra flor
come o amor até o talo.

## Para James

Querido James,
hoje pela manhã encontrei sua escova de cabelos
 próxima ao meu criado mudo.
Não sei se foi amor, duvido que tenha sido.
 Éramos tão crianças naquela época.
Não adianta vasculhar motivos nesta superfície de
 gelo que nos encontramos.
O importante é que venha buscar sua escova. Aqui
 onde as curvas dormem de frio.
Não, não deixe nada de seu. Um cabelo que seja.
 Naquela noite estávamos tão bêbados
e eu menti pra você. Não me chamo Amélie como
 no filme. Meu nome é Maria Amélia.
James, querido, sua escova de cabelos me lembra
 alguém do meu passado.
Há vestígios nela de uma que hoje não sou mais e
 isso me culpa.
Tentei dar um fim digno ao incômodo sem pedir
 sua aprovação,
mas, por fim, falhei. Aquela misteriosa força
 oculta e inapropriada dos objetos,
um gesto sem gentileza, sem honra alguma.
Venha logo, amanhã se puder, a escova é um grito
 no escuro,

um gesto obsceno.
E está aqui há séculos.

# Biografia

Imaginei:
e seu eu morresse hoje, nesse instante agora
por que não consigo ficar triste?
triste é não ficar triste
a dor cresceu do meu pé à cabeça
pensei num último poema
mas veio a espinha
a espinha de peixe de rio
o rio doce da pequena morte
quando seca
secou minha biografia poética
sem nenhuma grande transformação

entrei na rua estreita
carregava meus olhos que o rio há de comer
em cinzas

Imaginei a pouca presença no mundo
o pouco impacto na água
um cadáver arrumado de mediocridade e lirismo
frágil cena que se despede no mesmo pátio de
   escola
onde um menino corre atrás de uma bola

"Que bom! Hoje não teremos aula"
Imaginei

# Farpados

uma bacia branca
uma água parada
um salgueiro
uma dança salgada nas tripas
agulhas para os pés
infinitos para a existência
quem sabe esse cordel nos sustente
essas rugas de arsênico
essa tâmara na carne

quem sabe teu amor me alimente
ou me dilacere o que teima sobrar

nessa terra de cegos
todos nós somos farpados

# Fim?
\*\*\*
# A MORTE É CORPO

Voltei pra casa
estava vazia

Esta obra foi composta em Legacy Serif e impressa
em papel pólen bold 90 g/m², em setembro
de 2017 para a Editora Reformatório.